PROSPERITÄT

FÜR

JEDERMANN

Wer schreibt, der bleibt!

Das Arbeitsbuch für mehr Überblick und Gelassenheit
im hektischen Alltag!

Walter Berger
Taschengeld Management

1. Auflage, 2011,
Walter Berger, Taschengeld Management,
83435 Bad Reichenhall, Deutschland

Dies ist die 2. Auflage des Buches Prosperität für Jedermann.

Bitte beachten: Prosperität für Jedermann ist als Buch, als eBook und als Hörbuch in Deutsch, Englisch und Spanisch erhältlich.

DE-WBB-02
ISBN-13: 978-3-9814824-9-2

Wir haben alle das Grundrecht auf
ein erfülltes und glückliches Leben.
Dies ist bei Weitem mehr als
ein flüchtiger Sieg im täglichen Kampf,
um ausreichend Essen, bequeme Kleidung,
eine warme Wohnung oder
eine günstige Pauschalreise.

Walter Berger

Prosperität für Jedermann

Walter Berger

INHALT

VORWORT

ROY EUGENE DAVIS

Tue alles, das deine Absicht prosperierend zu sein unterstützt. Integriere die spirituellen, mentalen, emotionalen, körperlichen, sozialen, beruflichen, erholsamen, ökonomischen und ökologischen Aspekte harmonisch in dein Leben. Kümmere dich zuerst um deine formalen spirituellen Praktiken.

Fördere Optimismus, Zuversicht und rationales Denken. Sei innovativ und bereit zu lernen. Stell dir vor, dass du hast, was du für dein Wohlbefinden brauchst oder willst. Denk daran, dass dein Geist ein Teil des universellen Geistes ist, der auf deine Wünsche und Absichten reagiert. Verbessere deine Fähigkeit zur Konzentration und Unterscheidung. Vermeide Pessimismus, Zweifel, Sorgen und Fantasterei.

Für emotionales Wohlbefinden, pflege Ruhe, Seelenfrieden, Fröhlichkeit und Geduld. Vermeide Unruhe, Gefühle der Einsamkeit und Hoffnungslosigkeit, Angst und Unsicherheit.

Für körperliches Wohlbefinden, nähre deine Gesundheit mit einer positiven Geisteshaltung, nahrhaften Lebensmitteln (biologisch, wenn möglich), angemessener Bewegung, ausreichend Schlaf und Erholung, frischer Luft und täglich mindestens 30 Minuten Aufenthalt im natürlichen Licht. (Das Vollspektrum-Licht hilft den körpereigenen endokrinen Drüsen effizient zu arbeiten.) Vermeide mentale Zustände, Stimmungen, Aktivitäten und persönliche Beziehungen, die schwächen oder geistige und körperliche Energien verschwenden.

Für soziale Harmonie, pflege eine Beziehung zu Familienmitgliedern, Freuden und anderen. Drücke Mitgefühl, Freundlichkeit, Großzügigkeit und Hilfsbereitschaft aus. Vermeide Fehlersuche, Neigungen zu kontrollieren oder zu beherrschen und emotionale Abhängigkeit.

Sieh deinen Beruf als Dienst und führe alle Handlungen gewissenhaft aus. Wenn du mit deiner Arbeit nicht zufrieden bist, lerne das zu tun, wo du deine Kenntnisse und Fähigkeiten besser nutzten kannst. Wenn du vorübergehend arbeitslos bist, bejahe mit Überzeugung:" Da ist der richtige Platz für mich in dieser Welt." Und dann, finde oder schaffe ihn! Vermeide Faulheit, Aufschieben, Selbstgefälligkeit oder Langeweile.

Entspanne dich gelegentlich spielerisch. Gehe Wandern, Schwimmen, Fahrrad fahren, spiele Tennis, Golf oder Kricket, oder nimm an einer Kreuzfahrt teil oder fahre mit dem Boot auf einem Fluss oder einem See, besuche ein Konzert oder ein Theaterstück, oder tue andere Dinge, um deinen Körper und Geist zu erfrischen.

Verwalte und kümmere dich weise um materielle Dinge. Spare regelmäßig etwas von deinem Geld und lege es sicher für zukünftige Bedürfnisse an. Die Empfehlungen, die der Autor in diesem Buch zur Verfügung stellt, werden dabei sehr hilfreich sein. Lass dich von einem Anwalt beraten und beim Verfassen eines Testaments unterstützen, das deine Wünsche darüber ausdrückt, wie die materiellen Güter und Geld nach deinem Ableben verteilt werden sollen.

Halte dein Zuhause und deinen Arbeitsplatz sauber. Recycle Papier, Kunststoff, Metall, Glas und andere Dinge, die nicht mehr brauchbar sind. Spare Gas, Strom und Wasser und vergifte oder schädige die Umwelt nicht.

Wähle Gedanken, Emotionen, Verhaltensweisen, Beziehungen, Aktivitäten und Umweltbedingungen, die dein Leben verbessern und zum gesamten Wohlbefinden beitragen. Vermeide Gedanken,

Stimmungen, Verhaltensweisen, Beziehungen, Aktivitäten und Umweltbedingungen, die sich nachteilig auf deine körperliche, psychische und spirituelle Gesundheit auswirken. Dies ist einfacher als zu versuchen, sich an eine lange Liste von Dingen zu erinnern die man tun oder vermeiden sollte.

Betrachte dein Leben als eine Chance sich der eigenen wahren Natur vollkommen bewusst zu sein und lebe ohne Einschränkungen.

Roy Eugene Davis *ist der Gründer und Direktor des Center for Spiritual Awareness mit Hauptsitz in den USA und Niederlassungen in mehreren Ländern. Er ist ein weitgereister Redner und Autor zahlreicher Bücher.*

EINLEITUNG

Wie auch Ihnen dieses Arbeitsbuch helfen kann!

„Prosperität (vom lat. für Gedeihen) ist ein wirtschaftswissenschaftlicher Ausdruck. Er wurde ursprünglich im anglo-amerikanischen Sprachumfeld eingeführt (prosperity) und bezeichnet eine Periode des wirtschaftlichen Aufschwunges (Konjunktur-Aufschwung) und den damit verbundenen Wohlstand einer optimistischen Gesellschaft. Die Phase der Prosperität zeichnet sich durch eine optimistische Stimmung bei Unternehmern und Verbrauchern aus. Der daraus resultierende Anstieg des Konsum- und Produktionsniveaus führt zu wachsendem Volkseinkommen und wachsendem Wohlstand innerhalb der Gesellschaft."
(http://de.wikipedia.org/wiki/Prosperität, 07. November 2011)

„Zu viel Zeit für das bisschen Geld!" Vielleicht etwas zynisch formuliert, aber für viele eine tägliche Erfahrung.
Das Leben ist teuer geworden und das Einkommen reicht häufig nicht bis zum Monatsende.
Steigende Ausgaben und unsichere Einkünfte führen zu finanziellem Stress, physisch und psychisch.
Leider gibt es für uns „Normalverbraucher und Rechnungszahler" nur selten einen befreienden Schuldenschnitt oder sinnvolle Möglichkeiten zur nachhaltigen Ausgabenreduzierung. Jeder einzelne ist gefordert seine privaten Finanzen in den Griff zu bekommen und die täglichen Herausforderungen vernünftig zu meistern!

Aber wie geht das? Wie sieht meine wirtschaftliche Situation wirklich aus und was ist aktuell zu tun? Was sind die richtigen Entscheidungen und wie muss ich jetzt handeln? Die Definition von „Prosperität" (Wikipedia, s.o.) hört sich wunderbar an. Aber welche Voraussetzungen sind für einen prosperierenden Wohlstand notwendig und wie entwickelt man eine optimistische Perspektive, die auch in schwierigen Lagen trägt?

Mit diesem Arbeitsbuch erhalten Sie einen nachvollziehbaren Leitfaden, um strukturiert Ihre aktuelle wirtschaftliche Situation zu erfassen. Sie werden deutlicher erkennen, mit welchen Einnahmen Sie planen können, wofür Geld ausgegeben wurde, welche Schulden Sie haben, wie viel an Rücklagen verfügbar ist und wie Sie sich beim Thema Geld und Finanzen fühlen oder wo der Schuh drückt. Sie lernen nachvollziehbare Möglichkeiten kennen, um Schulden abzubauen und Reserven zu bilden.

Sie erstellen ein detailliertes Einnahmen- und Ausgaben-Budget und einen aktuellen Finanzstatus.

Am Ende eines jeden Kapitels können Sie wichtige Ziele und Meilensteine aufschreiben und festlegen, was Sie erreichen wollen und wie Sie jetzt handeln sollten. Diese Orientierung wird sich motivierend im Alltag auswirken und zu konsequentem Handeln anregen. Praxisorientierte Beispiele und verständliche Kopiervorlagen erleichtern eine schnelle Umsetzung im Alltag.

Leben ist unaufhörlicher Wandel und erfordert ständige Anpassung!
Überblick, Wissen, Erfahrung und Intelligenz ermöglichen sinnvolle Entscheidungen!

Sinnvolle Entscheidungen, die auch langfristig Bestand haben, erfordern Überblick, Wissen, Erfahrung und Intelligenz. Vertrauen in das eigene Handeln und in die weitere Entwicklung unterstützen Objektivität und Gelassenheit, auch im Umgang mit dem täglichen Nachrichten-Tsunami. Diszipliniertes Handeln und zweckmäßige Anpassungen fördern eine Orientierung im Alltag und eine optimistische Grundstimmung als wichtige Grundlage für ein prosperierendes Leben.

Bitte vergessen Sie nicht, Sie halten gerade ein Arbeitsbuch in der Hand, kein Lesebuch!
Machen Sie sich zu Beginn mit dem Inhalt vertraut und bearbeiten Sie dann die einzelnen Kapitel. Ziehen Sie sich an einen ungestörten Ort zurück. Die notwendigen Unterlagen sollten Sie griffbereit haben. Markieren und unterstreichen Sie wichtige Passagen und machen Sie sich eigene Notizen. Nehmen Sie sich ausreichend Zeit und beantworten Sie ehrlich und vollständig alle Fragen, vor allem die unangenehmen. Fangen Sie gleich an!

Noch ein Tipp: Bitte sprechen Sie mit niemand über Ihren Entschluss und Ihren Plan! Sie werden Ihr Vorhaben nur zerreden! Vielleicht müssen Sie Ihre Entscheidung rechtfertigen oder gar verteidigen. Die Motivation kann schnell schwinden und unterbewusst werden Ausreden für Situationen vorbereitet, in denen die Bearbeitung unbequem wird. Tun Sie es einfach, weil Sie es jetzt für sinnvoll erachten!
Es ist hilfreich, sich jeden Tag eine bestimmte Zeit für die Bearbeitung einzuplanen. Wenn einzelne Fragen im Moment nicht beantwortet werden können, gehen Sie einfach zum nächsten Teil über. Aus vielen einzelnen Ergebnissen wird ein Bild entstehen, die aktuelle Situation verdeutlichen und Klarheit für die richtigen nächsten Schritte bringen. Das Ganze ist mehr als die Summe seiner Teile!

Das große DIN A4-Format wurde ausgewählt, um die Bearbeitung komfortabler zu machen. Das Querformat erleichtert den Blick auf das Ganze und die Zusammenhänge. Kreativität für neue Ideen und überraschende Lösungsansätze können dadurch angeregt werden. Das Ringbuch wird es Ihnen ermöglichen, schnell einzelne Seiten oder ganze Kapitel herauszunehmen, um zum Beispiel einen umfassenderen Ordner anzulegen.

Erarbeiten Sie sich eine wertvolle Quelle für wichtige wirtschaftliche und persönliche Entscheidungen.

Wir haben alle das Grundrecht auf ein erfülltes Leben. Dies ist bei Weitem mehr als ein flüchtiger Sieg im täglichen Kampf, um ausreichend Essen, bequeme Kleidung, eine warme Wohnung oder eine günstige Pauschalreise.

Walter Berger

1 KASSENSTURZ

Leicht wird ein kleines Feuer ausgetreten,
das, erst geduldet, Flüsse nicht mehr löschen!
William Shakespeare, Heinrich VI

„Mit einem Kassensturz soll der Kassenbestand festgestellt werden."
(*http://de.wikipedia.org/wiki/Kassensturz, 07. November 2011*)

Montagmorgen, am Beginn einer neuen langen und harten Arbeitswoche, kurz vor Ende des Monats und des Geldes. Am letzten Samstag hatte der FC sein Heimspiel verloren. Die andere Mannschaft war halt besser. Es ist grau und es regnet. Heute sind wir ohne Hoffnung auf ein bisschen Sonne. Da, ein Lächeln! Der will bestimmt etwas von mir! Kennen Sie diese Stimmung?

Ein idealer Zeitpunkt, um emotionale Gemütsverfassungen und gedankliche Einstellungen von sich und anderen zu untersuchen. Stellen Sie doch einmal an so einem Tag folgende Fragen: "Wie geht´s dir?" oder "Was machst du?" und hören Sie dann genau zu.

Jammern, Krankheiten, Probleme wälzen, Schuldige suchen, neueste Krisen, Zynismus, Aggressivität oder Erfolge, Vorhaben, Pläne, Chancen, Freude, gut drauf sein, ein Lächeln. Achten Sie auf die Antworten und beobachten Sie die Reaktionen! Sie werden viel erfahren über Gedanken, Einstellungen, Fixierungen, Konditionierungen, über positive oder negative Stimmungen und über das, was bewegt, antreibt und reagieren lässt.
Meiden Sie oberflächliche Gespräche und destruktive Informationen von Medien. Gehen Sie einfach weiter, schalten Sie ab und lesen Sie nicht immer wieder die täglich neue Fassung von „Unser tägliches Problem gib uns heute!" Nehmen Sie nicht alles persönlich! Negative Stimmungen und Ideen sind ansteckend und man bekommt sie nur schwer wieder los. Sie haften lange an und

verfolgen einen bis in den Schlaf. Bleiben Sie positiv und realistisch!

In diesem Kapitel haben Sie die Möglichkeit zu einem emotionalen Kassensturz. Wie geht es Ihnen? Sind Sie zufrieden, optimistisch und ausgeglichen? Was machen Sie? Womit beschäftigen Sie sich und was beschäftigt Sie? Wie fühlen Sie sich und was ist wirklich los? Wo drückt der Schuh und wie sollte es idealerweise sein?

Schauen Sie sich Ihr Leben an! Beschreiben Sie in lebendigen Bildern Ihre heutige Situation. Welche Emotionen kommen hoch? Was denken, spüren, fühlen Sie? Schreiben Sie sich alles von der Seele! Was wollen Sie wirklich? Werden Sie konkret! Wie sollte ein idealer Zustand aussehen? Wie wird es sein, wenn es wahr geworden ist?

Walter Berger

Alles ist vorübergehend!
Einiges dauert nur etwas länger!
Roy Eugene Davis

Wie geht´s?
Kassensturz der Emotionen

Beschreiben Sie Ihre aktuelle Situation (persönlich, beruflich, finanziell, etc.) und lassen Sie sich dabei von folgenden Fragen leiten.

- Wie bin ich mit dieser Situation zufrieden?
- Was ist gut und erfreulich? Was stört mich? Was ärgert mich? Was belastet mich?
- Wie ist der gegenwärtige Zustand entstanden? Was sind die Ursachen?
- Wie wird sich meine Situation entwickeln (in den nächsten 6 Monaten und in den nächsten 5 Jahren)?
- Welche Vorteile und welche Nachteile hat diese Entwicklung?
- Wie sähe ein idealer Zustand aus?
- Was könnte ich tun, damit ich so richtig glücklich und zufrieden wäre?
- WAS WERDE ICH TUN?
  WIE LÖSE ICH DAS PROBLEM?
  WAS IST JETZT NOTWENDIG?

Notizen: Berechnungen:

Walter Berger

Wenn Sie ernst genommen werden wollen,
nehmen Sie sich zuerst selbst ernst!

2 AUSGABEN

Ich bin reich, weil ich alle meine Ausgaben bezahlen kann!

Der Begriff Ausgabe/-n wird in diesem Kapitel unter zwei Gesichtspunkten betrachtet:

1.   Die Handlung des Geldausgebens, also wie und warum wird Geld ausgegeben.

2.   Die Ausgabenart, d. h. was wird gekauft oder wofür wird Geld ausgegeben.

VOR einiger Zeit strahlte ARTE einen interessanten Film mit dem Titel „Ich kaufe, also bin ich" aus. Hier wurde gezeigt, dass ein US-Bürger im Jahr durchschnittlich 25.000 Werbespots konsumiert. 25.000-mal wird dem Zuschauer dabei nicht nur ein Produkt präsentiert, sondern auch eine Werteskala und eine Lebenseinstellung vermittelt. Mit oberflächlichen Reizen wird dabei auf tiefsitzende Bedürfnisse und Ängste gezielt und recht erfolgreich versucht, den Drang zum Kauf zu wecken. Früher war die Werbebotschaft vor allem „Kauf dieses oder jedes, dann kannst du mithalten und wirst beliebt!" Heute ist die „message" überwiegend „Kauf das, dann wirst du glücklich!" Für Kinderwerbung wird heute 20-mal mehr ausgegeben als noch 1980!

Entscheiden Sie sich beim Kauf immer ganz bewusst und rational, beim täglichen Einkauf im Supermarkt, bei einmaligen Kleidungsangeboten, bei fantastischen Schnäppchen, beim Kauf eines neuen Autos oder bei der Planung des nächsten Traumurlaubs? Kaufen Sie nur die notwendigen Dinge, die auf Ihrem Einkaufszettel stehen, oder gibt es auch mal Spontankäufe oder gar Frustkäufe? Tun Sie sich beim Einkaufen häufig mal was

Gutes? Fragen Sie sich beim Stöbern im Kleiderschrank nicht manchmal: „Warum habe ich das eigentlich gekauft?"

Nutzen Sie dieses Kapitel als Spiegel für Ihr Konsumverhalten, ohne Schuldzuweisung und ohne nachträgliche Rechtfertigung von seltsamen Kaufentscheidungen. Verschaffen Sie sich einen Überblick über Ihre bisherigen Ausgaben. Sie werden feststellen, wie viel Geld in der Vergangenheit wofür ausgegeben wurde. So können Sie erkennen, was notwendiger Grundbedarf ist und wie viel Geld in die Aufrechterhaltung des geliebten Lebensstils fließt. Lernen Sie sich ein bisschen besser kennen und entscheiden Sie dann selbst, welche Ausgaben Ihnen wichtig sind.

Wer mit der Herde geht, endet als Kotelett!

Wofür gebe ich Geld aus?

Schreiben sie auf, wofür Sie im letzten Monat Geld ausgegeben haben.

- Wie viel Geld haben Sie je Ausgabenart ausgegeben?

- Was waren notwendige Kosten des täglichen Lebens?

- Wie viel % der Gesamtausgaben entfallen auf jede Ausgabenart?

Ausgabenart	€	Wirklich notwendig? ja/nein	%

Wenn Sie nicht wissen, wohin ihr (BAR-)Geld verschwindet ...

... hier ist ein Weg, um dies herauszufinden!

1. Schreiben Sie alle Ausgaben auf!

   a. Bitte vollständig erfassen.

   b. Alle Informationen sind wichtig!

2. Möglichst alle Ausgaben bar bezahlen.

3. Vermeiden Sie Kreditkartenzahlungen!

4. Sammeln Sie alle Belege und sortieren Sie sie nach Datum!

5. Einmal pro Woche konsequent alle Ausgaben in einem Kassenbuch oder Journal zusammenfassen.

6. Ausgabenarten erkennen und Prioritäten vergeben!

Nutzen die diese Ausgabenjournal für den Geldbeutel:

Meine Ausgaben				
Datum	Höhe	Wofür	Zahlungs-weise	Priorität

Prioritäten: A = notwendig, B = wichtig, C = angenehm, D = unnütz

Lernen Sie sich selbst ein wenig besser kennen!

Meine Ausgaben im Überblick

Um einen Überblick über die Ausgaben zu erhalten, gehen Sie wie folgt vor:

1. Belege und Kontoauszüge sammeln, ordnen und aufschreiben!

2. Alle Barausgaben erfassen (vgl. vorherige Seite).

3. Festlegen der Ausgabenarten, z. B. Miete, Lebensmittel, Strom, Telefon, Versicherungen, Auto etc.

4. Wie viel geben Sie im Monat je Ausgabenart aus?

5. Welche jährlichen Zahlungen wurden geleistet?

6. Untersuchung jeder einzelnen Ausgabenart auf Höhe und Notwendigkeit!

7. Prioritäten vergeben (Welche Ausgabe ist Ihnen wichtig?).

8. Legen Sie ein monatliches Budget je Ausgabenart fest.(Monatliche Zahlung und 1/12 der jährlichen Summe (falls vorhanden) ergibt den anzusetzenden Wert.)

Beispiel zur Erstellung einer Ausgabenübersicht

AUSGABEN

	bisher monatlich verbraucht	jährlich, dringend, außerordentlicher Bedarf	monatliches Budget	Priorität
Miete	365,00 €		365,00 €	A
Nebenkosten	65,00 €	170,00 €	79,17 €	A
Strom	59,00 €	160,00 €	72,33 €	A
Lebensmittel	250,00 €		250,00 €	A
Kleidung	50,00 €		50,00 €	B
Frisör	15,00 €		15,00 €	B
Tel./Handy	25,00 €		25,00 €	B
Haftpflichtversicherung		35,00 €	2,92 €	A
...				
Gesamtausgaben/Monat	829,00 €	365,00 €	859,42 €	

Walter Berger

Wo besteht dringender Handlungsbedarf? Was werde ich tun?

Berechnungen:

Notizen:

3 EINNAHMEN

Was muss ich verdienen?

„Als Einkommen bezeichnet man umgangssprachlich die Einnahmen eines Privathaushalts. Es ermöglicht ihm, über Konsum heute und Sparen für die Zukunft seinen Wohlstand zu vergrößern."

." (http://de.wikipedia.org/wiki/Einkommen, 07. November 2011)

„ICH bin jetzt Versorgungsempfänger!", sagte ein alter Bekannter mit einem breiten Grinsen und ergänzte auf mein Nachfragen, dass er seit einigen Wochen im wohlverdienten Ruhestand sei. Sind Sie auch ein Versorgungsempfänger oder verdienen Sie ihr Geld? Würden Sie sich selbst einstellen und wie viel Geld wären Sie sich wert? Ist Ihre Arbeit, die Dienstleistung, das Produkt für Ihr Unternehmen oder Ihre Kunden deutlich mehr wert, als dafür bezahlt werden muss?

Es ist vielleicht schmerzhaft, aber durchaus sinnvoll und manchmal heilsam, sich diesen Fragen ehrlich zu stellen. „Lohnt sich das (noch)?" Ihr Arbeitgeber und ganz besonders Ihre Kunden müssen sich täglich diese überlebenswichtige Frage stellen. Sie würden es an deren Stelle doch auch tun, oder?

Es gibt keine Sicherheit für ein langfristiges Arbeitsverhältnis mit sicherer Entlohnung und üppigen Pensionsansprüchen. Das erfolgreiche Prinzip für gute Chancen auf dem Arbeitsmarkt, eine sichere Anstellung oder einen florierenden Umsatz ist einfach: Meine Arbeit oder mein Produkt sollte für mein Unternehmen oder meine Kunden wesentlich mehr Wert haben, als er dafür ausgeben muss!

Aber Vorsicht, wer sich ausschließlich auf den besten Geldwert konzentriert, wird schnell zum billigen Jakob. Dies führt häufig zu ruinösen Preis- und Rabattschlachten und fördert ein konkurrenzbetontes, aggressives und negatives Klima. Am Ende fühlt sich keiner als Gewinner. Der Chef denkt: „Meine Mitarbeiter sind zu teuer, ich bezahle ihnen zu viel."

Der Angestellte denkt: „Was für ein Hungerlohn, so ein Ausbeuter." Der Käufer denkt vielleicht: „Ich hätte noch mehr rausholen können!" und beim Verkäufer bleibt das schale Gefühl, nicht angemessen für seine Arbeit bezahlt worden zu sein.

Legen Sie das Augenmerk stärker auf den Gebrauchswert, den Nutzen, die Vorteile, die Möglichkeiten für Ihre Firma und Ihre Kunden. Präsentieren Sie sich als Lösungsanbieter! Eine kreative und positive Stimmung schafft nachhaltige Zufriedenheit. Man arbeitet gerne mit Ihnen zusammen. Folgeaufträge sind Normalität!

Was kann ich verdienen?

Machen Sie sich Sorgen um die Sicherheit Ihres Arbeitsplatzes? Dann untersuchen Sie doch die Situation mit folgenden Fragen: Wer braucht meine Arbeit? Kann das auch ein anderer (mit)machen, günstiger, schneller? Gibt es bessere Alternativen? Welcher Nutzen entsteht durch meine Arbeit und meine Leistung für mein Unternehmen, oder meine Kunden? Was fehlt meinem Unternehmen um konkurrenzfähig zu sein/bleiben? Wie entwickelt sich die Angebotspalette meiner Firma? Welchen zusätzlichen Mehrwert kann ich anbieten?

Wenn Sie aktuell einen Job suchen, sollte Ihnen klar sein, welchen Nutzen Sie dem jeweiligen Unternehmen anbieten können! Wenn Sie davon überzeugt sind und es darstellen können, werden Sie auch andere überzeugen!

Im vorigen Kapitel haben Sie eine Ausgabenübersicht erarbeitet. Es besteht jetzt mehr Klarheit, wofür und wie viel Geld in der Vergangenheit ausgegeben wurde. Ausgabe-Prioritäten (A, B, C, ...) erleichtern eine Einteilung in notwendigen Grundbedarf bis hin zu Frustausgaben. Werden zukünftig Einsparungen notwendig, können sinnvolle Entscheidungen deutlich einfacher getroffen werden.

Die Höhe der Gesamtausgaben zeigt, wie viel Sie der bisherige Lebensstil und jede einzelne Ausgabenart gekostet hat. Wollen Sie daran nichts Wesentliches ändern, kann man die Summen als Planungsgrundlage für das Ausgaben-Budget verwenden. Preissteigerungen oder unerwartete Ausgaben werden dabei nicht berücksichtigt!

In diesem Kapitel werden Sie feststellen, welche Einnahmen bisher zur Verfügung gestanden haben und mit wie viel Geld Sie rechnen können. Die Höhe der zukünftigen Einnahmen soll realistisch eingeschätzt werden. Sie untersuchen die bisherigen Einnahmen detailliert, um Möglichkeiten für eine Verbesserung der aktuellen Einkommenssituation zu erkennen.

Bei der Abgabe einer Einkommensprognose hat ein Angestellter wenige Probleme, denn er erhält einen vertraglich zugesicherten Lohn oder ein Gehalt. Wichtig ist es jedoch, variable Vergütungsbestandteile (Zulagen, Bonus, etc.) auf Sicherheit und Planbarkeit zu hinterfragen.

Der Selbstständige hat es hier ein bisschen schwerer. Seine Lebenshaltungskosten werden aus dem Gewinn seiner Tätigkeit oder aus Rücklagen bestritten. Dieser kann jedoch erst festgestellt werden, nachdem ein Umsatz erzielt wurde und Kosten, Steuern und Sozialabgaben abgezogen sind. Es ist deshalb sinnvoll, die jährlichen privaten Ausgaben als Mindestgewinn anzusetzen und daraus den notwendigen Mindestumsatz zu errechnen!

Walter Berger

Eine vorsichtige Einschätzung
der zukünftigen Einnahmen ermöglicht
eine realistische Planung!

Was haben Sie in Ihrem bisherigen Leben verdient?

- Schreiben Sie alle bisherigen Stellen und Jobs auf (auch Ferienjob, Aushilfe etc.)!

- Wie viel Geld haben Sie dabei jeweils verdient?

- Wie sind Sie zu dieser Arbeit gekommen? (Ggf. weiteres Blatt benutzen!)

Welche Arbeit:	Verdient: €	Wie/Von wem haben Sie von diesen Job erfahren?
Gesamt:	Σ	

Würden Sie sich selbst einstellen und wie viel würden Sie sich bezahlen?

- Welche Arbeit haben Sie aktuell und wie viel Geld verdienen Sie damit?

- Woher kommen Ihre monatlichen Einnahmen?

- Wovon hängen die Sicherheit Ihres Arbeitsplatzes und die Dauer des Arbeitsverhältnisses ab?

Notizen: Berechnungen:

Beispiel zur Erstellung einer Einnahmenübersicht

EINNAHMEN	Aktueller monatlicher Verdienst	Sonderzahlungen, Bonus, etc.	monatliches Budget	Sichere Einnahme?
Angestellt	1.480,00 €		1.480,00 €	ja
Urlaubsgeld		600,00 €	0,00 €	nein
Weihnachtsgeld		160,00 €	0,00 €	nein
Kindergeld	328,00 €		328,00 €	ja
Gesamteinnahmen/Monat	1.808,00 €	760,00 €	1.808,00 €	

Meine Einnahmen unter der Lupe!

Bitte untersuchen Sie Ihre geplanten Einnahmen mit folgenden Fragen:

- Wie sicher sind der Arbeitsplatz und die Höhe des Einkommens?

- Wovon hängt es ab, dass Sie auch zukünftig Sonderzahlungen erhalten?

- Können Sie weniger Einkommen oder gar einen Jobverlust finanziell verkraften?

- Welche laufenden Kosten haben Sie durch den Arbeitsplatz? (Sprit, Auto, Bahn, etc.)

- Gibt es weitere Einkommensmöglichkeiten? Welche?

- Gibt es bessere Jobangebote?

Notizen: Berechnungen:

Unsichere Einnahmen führen zu finanziellem Stress!

NOTIZEN zu meinen Einnahmen:

Wo besteht dringender Handlungsbedarf? Was werde ich tun?

Notizen: Berechnungen:

4 RESERVEN

„Der Begriff Vermögen ist ein Synonym für aktive Potenz: Vermögen (Leistungsfähigkeit) hat, wer etwas zu tun vermag."

(http://de.wikipedia.org/wiki/Vermögen_(Fähigkeit) , 08. November 2011)

Vermögen als Eigentum: „Typische Arten von Vermögen (so genannte Vermögenswerte) sind zum Beispiel Bankguthaben, Bargeld, Immobilien, Aktien oder Patente."

(http://de.wikipedia.org/wiki/Vermögen_(Wirtschaft) , 08. November 2011)

VERMÖGEND SEIN UND LIQUIDE SEIN IST NICHT DAS GLEICHE! Anfang 2011 wurden in einer Fernsehreportage Amerikaner gezeigt, die durch die Finanzkrise ihren Job verloren hatten und in der Folge obdachlos wurden. Das Beklemmende war, dass sie in ihren fast neuen Nobelkarossen hausten, die nun keiner mehr haben wollte. Eine interviewte Familie war mit ihrem Caravan bei Freunden im Garten untergekommen. Ein Mann hatte seine kleine Tochter auf dem Schoß und schilderte resigniert seinen täglichen Kampf um ausreichend Lebensmittel.

RESERVEN SIND (ÜBERLEBENS-)WICHTIG. Ein Eichhörnchen, das für den kommenden Winter Vorräte sammelt, handelt instinktiv danach! Wir Menschen haben zu allen Zeiten Lebensmittel für Notfälle oder schlechte Zeiten bevorratet. Nahrung, Wasser, Öl, Energie (wenn auch eingeschränkt) und vieles mehr wird heute als zivile Notfall-Reserve vorgehalten. Die Kernfrage ist: „Wenn ich das … ab heute nicht mehr haben kann, wie lange kann ich noch so weitermachen, überleben?" Dazu wird nicht alles ausgegeben, sondern ein Teil zurückgelegt!

Verfügen Sie über ausreichend Reserven? Kommen Sie mit weniger Einkommen zurecht? Wäre der Verlust des Arbeitsplatzes auch über einen längeren Zeitraum ohne große finanzielle Probleme zu verkraften? Sind teure Reparaturen ein besonderes Problem? Wie schnell wären finanzielle Reserven ohne große Verluste verfügbar?

Liquide Rücklagen sind ein wichtiger Schlüssel, um wirtschaftlich handlungsfähig zu bleiben!

In diesem Kapitel erarbeiten Sie einen Vermögens-Status, also einen detaillierten Überblick zum bestehenden Vermögen. Besonderes Augenmerk wird auf liquide Reserven und eine schnelle Verfügbarkeit für akute Notfälle gelegt. Ideal wären liquide Rücklagen, um mindestens 6 Monate die laufenden Ausgaben weiterzahlen zu können! Wir zeigen Ihnen einen intelligenten Weg zur Verteilung des Einkommens. Die laufenden Ausgaben bezahlen, Rücklagen aufbauen und Schulden tilgen, das ist das angestrebte Ziel!

Bleiben sie konsequent und diszipliniert und schaffen Sie sich ausreichend liquide Rücklagen!

Was nützt mir mein tolles Auto,
wenn ich den Sprit nicht bezahlen kann?

„Wenn ich erst mal genug verdiene, fange ich an zu sparen!"

Tragen Sie hier bitte noch einmal alle bisherigen Stellen und Jobs ein (vgl. Kapitel Einnahmen).

- Wie viel haben Sie in Ihrem Leben insgesamt verdient?

- Was ist davon noch übrig?

Welche Arbeit:	Insgesamt verdient:	Heute noch übrig?
Gesamt	Σ	Σ

... aber wieviel ist genug um anzufangen?

„Welchen Wert hat mein Vermögen für andere?"

Auf diesem Blatt erstellen Sie eine Vermögensübersicht (ggf. weitere Blätter nach diesem Muster verwenden).

- Tragen Sie hierzu alle Vermögensbestandteile nach Art und Wert ein. Machen Sie Inventur!

- Schreiben Sie alle „Schätze" auf und beurteilen Sie den heutigen realen Wert! Ganz ehrlich, wenn Sie es heute verkaufen wollten, was würde Ihnen ein anderer wirklich dafür zahlen?

Vermögen/Gegenstand:	Kaufpreis?	Wert heute? €	Wie liquide ist das Vermögen?
Gesamt Σ	Σ		

*Tief in unserem Gehirn tragen wir immer noch die
Veranlagung zum Sammler und Jäger!
Die Art des Jagens und die des Beutegutes
haben sich verändert.*

Die intelligente Verteilung des Einkommens!

Hier erfahren Sie, wie das geht: (Achten Sie auf die Reihenfolge!)

1. Sparen Sie sofort und regelmäßig 10 % Ihrer Einnahmen!

   o Ziel ist es, das 6-Fache der monatlichen Ausgaben als liquide Mittel (Bargeld) verfügbar zu haben! Nutzen Sie die Summenbildung und den Zinseszins durch regelmäßiges Sparen von 10 % jeder Einnahme, die Sie erhalten!

   o Viel Wenig ist ein Viel!

   o Der angebotene Zins sollte bei liquiden Rücklagen nicht ausschlaggebend sein, denn höheren Zinsen müssen meist mit einem höherem Verlustrisiko oder teuren Auflösungskosten bezahlt werden!

   o Vermeiden Sie den Wechsel in spekulative Währungen. Wenn das Geld gebraucht wird, müsste es umgetauscht werden, egal wie der Kurs steht!

   o Wichtig ist eine permanente schnelle Verfügbarkeit ohne große Verluste!

2. Maximal 90 % der Einnahmen sollten für Ausgaben und Ratenverpflichtungen (Schulden) verwendet werden. Evtl. müssen Ausgaben eingespart werden.

3. Handeln Sie mit Ihren Gläubigern bessere Konditionen aus!

4. Zusätzliches Einkommen wird für eine erhöhte Schuldentilgung verwendet!

5. Planen Sie Sparraten und Rücklagen für größere Anschaffungen ein!

Beispiel zur intelligenten Verteilung des Einkommens!

Vermögen

Art	Wert €
Immobilien	
Geschäft	
Wertpapier	
BARGELD	3.000 €
Gesamtvermögen	3.000 €

Schulden

	Zins %	Höhe €
Hypothek		
Autokredit	9,5 %	3.200 €
Konsumkredit	12,5 %	2.700 €
Kreditkarten	16,8 %	2.100 €
Kontokorrent		
Gesamtschulden		8.000 €

Netto-Vermögen − 5.000 €

Einnahmen

	Monat
Lohn / Gehalt	2.000 €
Weiterer Job	
Immobilien	
Geschäft	
Wertpapiere	
Gesamteinnahmen/Mon	2.000 €

Ausgaben

	Monat
Miete mit Nebenkosten	600 €
Tägliches Leben	600 €
Hypothek	
Rate für Autokredit	250 €
Tilgung Konsumkredit	200 €
Rate Kreditkarte	140 €
Andere Ausgaben	
Unterhalt	
Gesamtausgaben/Monat	1.790 €

Monatlich verfügbar + 210 €

HAMSTER RAD

1. 10 % Sparen (Bargeld!)

2. max. 90 % für Ausgaben, Schulden, Rücklagen ausgeben

3. zusätzliche Einnahmen für Schuldenabbau verwenden

NOTIZEN zu meinen Reserven:

Wo besteht dringender Handlungsbedarf? Was werde ich tun?

Berechnungen:

Notizen:

5 Schulden

Schulden = Notwendige Energie für Morgen,

die bereits gestern verbraucht wurde!

SCHULDEN: „Der negativ belastete Begriff Schulden wird umgangssprachlich, aber auch in Gesetzen oft als Pendant zu Vermögen genutzt. Insbesondere in einer Hochzinsphase und/oder konjunkturellen Schwächephasen können Schulden zu einer Schuldenlast, einem Schuldenberg und schließlich zu einer unkontrollierbaren Schuldenfalle anwachsen, die einer Schuldenbremse bedarf. Insbesondere tragen die Zinsen auf Schulden zu einem progressiven Anwachsen der gesamten Schuldenlast bei. Auf Staatsebene ist der Begriff Schulden üblich (Staatsverschuldung, kommunale Verschuldung, Schuldenerlass). Die Schulden einer Volkswirtschaft gegenüber dem Ausland werden Auslandsverschuldung genannt."
(http://de.wikipedia.org/wiki/Schulden, 8. November 2011)

ANFANG November 2011 wurden in einem chinesischen Dorf außerhalb Pekings mehrere Einwohner interviewt. Der Reporter wollte von der ländlichen Bevölkerung einige Stimmungen zu den enormen Schulden einfangen, die viele ausländische Staaten bei den Chinesen haben. Ein angesprochener Mann lächelte verschmitzt und sagte: „Die Europäer sind gierig auf Fleisch! Sie tun alles, um mehr Fleisch zu bekommen. Wenn sie kein Geld haben, dann leihen sie sich Geld, nur um noch mehr Fleisch zu bekommen. Wir lieben auch Fleisch. Aber wenn wir kein Geld haben, dann kaufen wir uns kein Fleisch!" Auf den ersten Blick mag sich dieser Kommentar sehr einfältig anhören und vielleicht etwas über den Wert von Fleisch für diesen Mann aussagen. Aber tauscht man das Wort Fleisch gegen Konsum aus, erkennt man schnell die tiefer liegende Wahrheit:

Wir leben in Europa über unsere Verhältnisse und zahlen mit Geld, das wir nicht haben!

China verfügt über beträchtliche Devisenreserven, wohl auch deshalb, weil sprudelnde Steuereinnahmen nicht zwangsläufig für den Ausbau der sozialen Grundversorgung für alle Bevölkerungsschichten verwendet werden. Ein Grund für das starke Wirtschaftswachstum und die damit verbundenen hohen Gewinne sind die enormen Lohnkostenvorteile, zumeist auf Kosten der arbeitenden Bevölkerung, die häufig mit einem *Niedrigstlohn* auskommen muss. Man nützt die günstige Zeit zum Einkaufen und investiert weltweit in den Ausbau von Handelsbeziehungen, in wichtige Absatzmärkte und in die Sicherung notwendiger Energie- und Rohstoffressourcen. Heute kämpfen viele Staaten mit dramatischen Liquiditätsproblemen und stehen bei den Chinesen enorm in der Kreide!

Nicht schuldig!

„Darf es ein bisschen mehr sein?" Schulden zu machen wird uns leicht gemacht. „Gönnen Sie sich was, Sie haben es sich verdient!" Ein verlockendes Angebot, eine bequeme Ratenzahlung, der absolute Preishammer. Ich bin doch nicht blöd! Bei uns können Sie anschreiben. Sie haben Kredit!

„Du musst mir Glauben schenken. ...Hör auf mich, glaube mir, Augen zu, vertraue mir!" singt die Schlange Ka und blickt dabei Mogli hypnotisierend in die Augen.
(http://www.youtube.com/watch?v=_qZB8XCGWnk 2. März 2014)

Es wäre aber zu einfach, die manipulative Werbung, absatzorientierte Unternehmen, gierige Banken, Politiker, die wiedergewählt werden wollen, oder gar das Schicksal als schuldige Verführer zu denunzieren und sich selbst als willenloses Opfer freizusprechen.

Verantwortliches Handeln verlangt auch Verantwortung für die Folgen zu übernehmen. Finanzielle Schulden hat jemand, wenn er etwas auf Kredit gekauft hat. Die Ursache für eine unangenehme Situation heute war eine kurzsichtige Entscheidung in der Vergangenheit! Es lohnt nicht, einen Schuldigen zu suchen oder sich schuldig zu fühlen! Es raubt nur zusätzliche Energie. Es gibt eine schwierige Situation, die man jetzt sinnvoll lösen muss. Man kann die Handlung nicht mehr rückgängig machen, aber man kann daraus lernen.

Belastende finanzielle Schulden und drückende monatliche Raten lösen sich auf, wenn man sie zurückzahlt und keine neuen macht!

Klingt einfach, erfordert jedoch emotionale Ausgeglichenheit, einen realistischen Überblick über die wirtschaftliche Situation und mögliche Handlungsoptionen, Entschlossenheit und Disziplin.

In diesem Kapitel erhalten Sie Klarheit über bestehende Schulden und Verbindlichkeiten.

Sie lernen 8 Schritte zum Abbau von Schulden kennen. Sie erstellen einen Entschuldungsplan und erhalten einen guten Überblick, um Prioritäten zur Abzahlung festzulegen. Ein positiver Fortschritt zum Idealziel „Schuldenfreiheit" wird damit leichter erkannt.

Walter Berger

Belastende finanzielle Schulden und
drückende monatliche Raten lösen sich auf,
wenn man sie zurückzahlt und keine neuen macht!

Angstmotivation und
Verlust von Handlungsfähigkeit

Beantworten Sie hier folgende Fragen:

- Bei wem habe ich Schulden?

- Warum? Was wurde angeschafft?

- Was muss ich hierfür monatlich zurückzahlen?

- Wann bin ich schuldenfrei?

- Wie fühle ich mich?

Notizen: Berechnungen:

8 Schritte zur Schulden-Freiheit! (Teil 1)

Zur Erstellung eines Entschuldungsplanes und zum Abbau von Schulden gehen Sie wie folgt vor:

1. Alle Schulden in den „Entschuldungsplan" eintragen. (Benutzen Sie bitte hierzu die Kopiervorlagen im Anhang.)

2. Legen Sie ihre Rangliste zur Abzahlung für bestehende Schulden fest, z. B.

   a. Kredit mit höchstem Zinssatz zuerst abbezahlen oder

   b. kleinster Kredit (schnelle positive Ergebnisse motivieren) oder

   c. die geringste Rückzahlungsdauer (schon wieder ist eine Schuld abbezahlt!)

3. Handeln Sie mit Ihren Gläubigern bessere Konditionen aus! Sprechen Sie über

   a. Möglichkeiten für einen niedrigeren Zins oder eine mögliche Umschuldung (ein Kontokorrent-Kredit ist extrem teuer!), über

   b. kleinere monatliche Raten oder über

   c. einen teilweisen Schuldenerlass, also über eine „vergleichsweise Regulierung". Dies bedeutet, dass durch Zahlung eines Teilbetrages wird die gesamte Schuld abgelöst!

*Werden Sie aktiv! Sie werden staunen,
was durch Sprechen und Dranbleiben
einfach wegdiskutiert werden kann!*

Beispiel zur Erstellung eines Entschuldungsplanes:

Mein Entschuldungsplan

Schuld Wofür?/Gläubiger	Aktuelle Höhe	Zinssatz aktuell	Minimale Rate/Monat	Anzahl Raten/Monate	Angebot Gläubiger	Zinssatz neu	Rate/Monat neu	Anzahl Raten neu	Rang
Autokauf	5.800 €	6,4 %	151,77 €	28	Ankauf		0,00 €		4
Kontokorrent	2.350 €	12,8 %	25,07 €	nie	Umschuldung	9,4 %	75,00 €	35	1
Schlafzimmer	2.700 €	9,8 %	134,55 €	23	Reduzierung 1.800 €	9,8 %	114,70 €	15	3
Kreditkarte	1.250 €	18,4 %	31,67 €	60	besserer Zins mehr tilgen	12,4 %	31,67 €	50	2
Schulden/ mtl. Zahlung	12.100 €		343,06 €				221,37 €		

8 Schritte zur Schulden-Freiheit! (Teil 2)

4. Übertragen Sie die monatlichen Raten in das Ausgabenbudget.

5. Wenn notwendig, Ausgaben reduzieren und für zusätzliches Einkommen sorgen!

6. Beginnen Sie sofort und regelmäßig damit, 10 % der Einnahmen zu sparen!
   Probieren Sie es aus. Sie werden sehen, es geht, wenn Sie wollen!

7. Zahlen Sie die vereinbarten Raten regelmäßig und pünktlich. Verwenden Sie ein zusätzliches Einkommen für eine erhöhte Rückzahlung der aktuellen Nummer 1 auf Ihrer Schuldenrangliste.

   o Ist die Schuld abbezahlt, wird der nächste Kredit in Angriff genommen. Verwenden Sie die frei gewordene Liquidität aus der abbezahlten Schuld, um den nächsten Kredit schneller abzubezahlen.

   o Verfahren Sie in dieser Weise, bis alle Schulden abbezahlt sind!

8. Nach Abzahlung sämtlicher Schulden sollten liquide Rücklagen bis zum 6-Fachen der monatlichen Ausgaben angespart werden.

Herzlichen Glückwunsch! Sie haben wieder Kredit!!!
Bitte, nehmen Sie ihn nicht in Anspruch!

Schulden abbauen und Rücklagen schaffen,
beides ist möglich!

NOTIZEN zu meinen Schulden:

Wo besteht dringender Handlungsbedarf? Was werde ich tun?

Berechnungen:

Notizen:

6 ANSCHAFFUNGEN

„Wünsch dir was!", singen die Sirenen!

Endlose Wunscherfüllung wird zum Lebensinhalt,

„immer mehr" wird zum Ideal,

„zufrieden sein mit weniger" bedeutet "versagen".

Welche Wünsche habe (bekomme) ich heute?

„Unter Konsum (lat. consumere „verbrauchen") versteht man im Allgemeinen den Verzehr oder Verbrauch von Gütern. Konsumgüter sind Güter, die für den privaten Ge- oder Verbrauch hergestellt und gehandelt werden. Private Konsumausgaben (Privater Verbrauch): hierzu gehören alle Waren- und Dienstleistungskäufe der Privathaushalte (Privathaushalte der Unternehmer, Arbeitnehmer, Rentner, Arbeitslosen) und der selbständigen Einzelunternehmungen wie Gastwirte, Freiberufler im Inland. So gehören auch langlebige Güter, wie beispielsweise Möbel und Fahrzeuge zu den Konsumgütern."

(http://de.wikipedia.org/wiki/Konsum, 08. November 2011)

EIN KLEINES MÄDCHEN UNTERHÄLT SICH MIT IHRER FREUNDIN ÜBER DIE FINANZKRISE. „Wir sind jetzt ganz arm! Mein Papa konnte sich nur noch ein Auto ohne Dach leisten!", und zeigt dabei auf ein nagelneues Cabrio in der Hofeinfahrt.

Träume zu haben ist wunderbar. Es ist befriedigend, sich Wünsche zu erfüllen und es sich leisten zu können, andere zu beschenken oder finanziell zu unterstützen. Vertrauen in die Zukunft und ein gesundes Wohlstandsbewusstsein fördern den privaten Konsum. Unternehmen, Arbeitsplätze und Steuereinnahmen sind davon abhängig.

Spontankäufe, Sonderaktionen, einmalige Schnäppchen, sensationelle Gelegenheiten, Frust- oder Lustkäufe sollten jedoch vermieden werden. Sie führen nur dazu, sich zu verausgaben und vielleicht für dringende Notfälle keine ausreichenden Mittel verfügbar zu haben. Mal ehrlich, wenn Sie in Ihren Kleiderschrank schauen, finden Sie dort irgendetwas aus der Kategorie Spontankäufe oder günstig erworben, eingelagert und vergessen?

Größere Investitionen und Anschaffungen sollten geplant werden. Notwendigkeit, finanzielle Möglichkeiten und Folgen sollten hinterfragt sein. Was möchte ich mir leisten? Was kann ich mir leisten? Kann ich es mir später auch noch leisten?

In diesem Kapitel können Sie alle geplanten größeren Anschaffungen aufschreiben. Es ist eine tolle Gelegenheit, mit dem Partner oder mit der Familie Wünsche und Absichten zu besprechen und dabei alle Ideen und Anregungen ernst zu nehmen.

Diskutieren Sie, was jedem einzelnen wichtig ist, was Priorität haben soll, was man sich leisten kann und finden Sie heraus, welche Investitionen (noch) nicht möglich sind. Muss auf etwas verzichtet werden? Wie viel sollte man monatlich zurücklegen? Treffen Sie eine gemeinsame Entscheidung und dann, auf geht´s!

Was will (kann) ich mir leisten?

Schreiben sie hier auf, welche Träume und Wünsche Sie sich erfüllen wollen?

- Was soll angeschafft werden?

- Welche Investitionen stehen an?

Bitte beantworten Sie die Fragen so konkret wie möglich, also: Was? Wann? Wie teuer? Warum? Wie werden Sie sich dann fühlen?

Notizen: Berechnungen:

Beispiel zur Erstellung einer Anschaffungsübersicht:

Wünsche/Anschaffungen/Investitionen

	Wie teuer?	Wann?	monatliche Sparrate	Notwendig
Urlaub	1.500,00 €	August 09	200,00 €	B
Auto	7.500,00 €	Juli 11	150,00 €	B
Monatliche Rücklagen für Anschaffungen/Investitionen			350,00 €	

Meine Anschaffungen unter der Lupe!

Bitte untersuchen Sie ehrlich die geplanten Anschaffungen mit folgenden Fragen:

- Warum brauche ich das?

- Ist es wirklich notwendig?

- Muss es so viel, so groß, so ... sein?

- Gibt es günstigere Alternativen?

- Wenn es eine größere Investition ist, schlafen Sie eine Nacht darüber!

- Vermeiden Sie Spontankäufe!

- Was würde geschehen, wenn ich es mir nicht kaufe?

Notizen: Berechnungen:

Ich kaufe also bin ich!

Ich bin was ich kaufe!

Was bin ich wirklich?

Setzen Sie sich realistische Ziele und finden Sie einen Weg, um sie Wirklichkeit werden zu lassen!

NOTIZEN zu Anschaffungen:

Wo besteht dringender Handlungsbedarf? Was werde ich tun?

Berechnungen:

Notizen:

7 BUDGET

Überblick gibt ein Gefühl von Sicherheit!

Budget: Unter Budget versteht man einen Finanzplan, bei dem zukünftig zu erwartende Einnahmen und Ausgaben dargestellt werden.

ICH kaufe nur das, was ich mir leisten kann! In meinem Geldbeutel sind immer 50 € mehr, als ich brauche! Kennen Sie ähnliche, sicherlich gut gemeinte Ratschläge? Im Alltag sind diese meistens völlig unbrauchbar! Steigende Preise, unvorhergesehene Ausgaben, dringende Reparaturen, der Wegfall von Zulagen oder die Streichung eines fest eingeplanten Bonus sind nur schwer planbar. Umso wichtiger ist ein laufend aktueller Überblick zu Einnahmen und Ausgaben, um rechtzeitig sinnvoll und flexibel, auch auf unangenehme Überraschungen, reagieren zu können.

Ein Tipp: Erfassen Sie alle Ausgaben vollständig und planen Sie Reserven ein! Schätzen Sie Einnahmen realistisch ein, ohne Berücksichtigung der Zulagen, Sonderzahlungen, etc.! Eine überraschende zusätzliche Einnahme ist angenehmer als ein großes finanzielles Loch durch eine zu optimistische Einschätzung!

In diesem Kapitel erstellen Sie ein Einnahmen- und Ausgaben-Budget, d. h. Sie legen fest, mit welchen zukünftigen Ausgaben geplant wird und mit welchen Einnahmen Sie rechnen! Folgen Sie den empfohlenen Schritten und übertragen Sie alle bisherigen Ergebnisse in die vorgesehen Bereiche innerhalb des Budgets.

Aus den einzelnen Puzzleteilen formt sich Ihre finanzielle Landkarte!

Vorsicht! Ein Budget ist eine Planung, basierend auf
Vergangenheitswerten und mit Annahmen für die Zukunft!
Mit diesem SOLL erhält man eine gute Orientierung, es muss
jedoch laufend mit dem tatsächlichen IST aktualisiert werden. Ihr
Plan muss sich in der Realität beweisen. Erst so können
Handlungsnotwendigkeiten und mögliche Optionen frühzeitig
erkannt werden.

Realistisch bleiben – Reserven schaffen

Budget (Teil 1/Ausgaben)

Überblick zeigt Handlungsbedarf und mögliche Optionen!

Zur Erstellung eines Budget gehen Sie wie folgt vor:

1. Übertragen Sie die ermittelten Werte aus den Kapiteln Ausgaben, Schulden und Anschaffungen.
   (Benutzen Sie bitte hierzu die Kopiervorlage im Anhang.)

   - 1/12 der Jahresausgaben werden als monatlicher Wert im Budget angesetzt.

   - Ausgaben dabei nicht zu knapp kalkulieren und mögliche Preissteigerungen für Heizung, Lebensmittel, Strom, Sprit, etc. berücksichtigen!

2. Tragen Sie die monatlichen Raten für die Rückzahlung bestehender Schulden ein.

3. Planen Sie 10 % des Einkommens zum Aufbau von liquiden Rücklagen ein!

4. Berücksichtigen Sie Sparraten für Ihre geplanten Anschaffungen (Urlaub, Auto, Möbel, etc.).

5. Gleichen Sie wöchentlich die tatsächlichen Ausgaben (IST) mit den Werten im Budget (SOLL) ab. Abweichungen werden rechtzeitig erkannt und notwendige Anpassungen können festgelegt werden.

Endlich agieren statt immer nur zu reagieren!

Beispiel zur Erstellung eines Ausgaben-Budgets:

Budget	Monatlich im Ø	Jährlich / Gesamt	Über-/ Unterdeckung	Jan	Feb	Mrz	Apr	Mai
Private Ausgaben								
Miete (warm)	€ 365	€ 4.380		€ 365	€ 365	€ 365	€ 365	€ 365
Nebenkosten	€ 80	€ 960		€ 80	€ 80	€ 80	€ 80	€ 80
Strom	€ 85	€ 1.020		€ 85	€ 85	€ 85	€ 85	€ 85
Lebensmittel	€ 250	€ 3.000		€ 250	€ 250	€ 250	€ 250	€ 250
Sprit	€ 165	€ 1.980		€ 165	€ 165	€ 165	€ 165	€ 165
Kleidung	€ 50	€ 600		€ 50	€ 50	€ 50	€ 50	€ 50
Frisör	€ 20	€ 240		€ 20	€ 20	€ 20	€ 20	€ 20
Tel/Handy	€ 35	€ 420		€ 35	€ 35	€ 35	€ 35	€ 35
Versicherungen	€ 53	€ 636		€ 150			€ 150	
Gesamt Private Ausgaben	€ 1.103	€ 13.236	€ 0	€ 1.200	€ 1.050	€ 1.050	€ 1.200	€ 1.050
Schulden								
Auto	€ 250	€ 3.000		€ 250	€ 250	€ 250	€ 250	€ 250
Küche	€ 200	€ 2.400		€ 200	€ 200	€ 200	€ 200	€ 200
Kreditkarte	€ 140	€ 1.680		€ 140	€ 140	€ 140	€ 140	€ 140
Gesamt Schulden	€ 590	€ 7.080		€ 590	€ 590	€ 590	€ 590	€ 590
Gesamt Ausgaben	€ 1.693	€ 20.316		€ 1.790	€ 1.640	€ 1.640	€ 1.790	€ 1.640

Budget (Teil 2/Einnahmen)

Vorsichtige Annahmen für eine realistische Planung!

Zur Erstellung eines Budget gehen Sie weiter wie folgt vor:

6. Übertragen Sie die ermittelten Werte aus dem Kapitel Einnahmen in Ihr Budget (Benutzen Sie bitte hierzu die Kopiervorlage im Anhang.)

   - 1/12 der Jahreseinnahmen wird als monatlicher Wert im Budget angesetzt.

   - Bleiben Sie realistisch!

7. Hohe Einmalzahlungen und variable Vertragsbestandteile, wie z. B. Weihnachtsgeld, Bonuszahlungen, Zulagen werden nicht eingeplant!

   - Finanzielle Reserven schaffen zusätzlichen Gestaltungsspielraum!

8. Gleichen Sie mindestens einmal im Monat die tatsächlichen Einnahmen (IST) mit den Werten im Budget (SOLL) ab. Stellen Sie fest, warum Unterschiede bestehen und ob dies einmalig oder anhaltend so sein wird?

9. Prüfen Sie bei Unterdeckung mögliche Optionen: Rücklagen verwenden, Ausgaben kürzen, zusätzlicher Job etc. Vermeiden Sie das Konto zu überziehen (extrem teuer) oder mit Kreditkarte zu zahlen.

Der beste Plan ist wertlos ohne konsequente Ausführung und eine flexible Anpassung!

Beispiel zur Erstellung eines Einnahmen-Budgets:

Budget	Monatlich im Ø	Jährlich / Gesamt	Über-/ Unterdeckung	Jan	Feb	Mrz	Apr	Mai
Einkommen								
Angestellt	€ 1.480	€ 17.760		€ 1.480	€ 1.480	€ 1.480	€ 1.480	€ 1.480
Zulagen	€ 150	€ 1.800		€ 150	€ 150	€ 150	€ 150	€ 150
Urlaub/Weihnachtsgeld	€ 123	€ 1.480						
Kindergeld	€ 364	€ 4.368		€ 364	€ 364	€ 364	€ 364	€ 364
Gesamt Einkommen	€ 2.117	€ 25.408		€ 1.994	€ 1.994	€ 1.994	€ 1.994	€ 1.994

NOTIZEN zu meinem Budget:

Wo besteht dringender Handlungsbedarf? Was werde ich tun?

Berechnungen:

Notizen:

8 FINANZSTATUS

Ein Bild sagt mehr als tausend Worte!

Ein Finanzstatus gibt einen aktuellen Überblick zu Einnahmen, Ausgaben, Vermögen und Schulden.
Zur Darstellung wird der Finanzstatus aus dem Spiel HAMSTERRAD® verwendet.

EINE FRAU BLICKTE NACHDENKLICH AUF IHREN FINANZSTATUS und seufzte: „Das ist ja wie im richtigen Leben! Nur dass man hier die Probleme und die Zusammenhänge einfacher erkennen kann." Ihr Mann blickte sie zustimmend an und bestätigte: „Das ist es, was ich dir schon immer erklären wollte!"

„Meine Tochter möchte Ihnen etwas zeigen!" Am 3. Tag der Spielemesse in Essen stand ein Mann mit seiner Tochter vor mir und begrüßte mich herzlich. Das Mädchen grinste mich an, kramte mit der Hand in ihrem Sweatshirt, zog einen zerknitterten Zettel hervor und versuchte ihn glatt zu streichen. „Ich hab gestern meinen Papa im Spiel geschlagen!" sagte sie triumphierend. Als Beweis hielt sie mir den Finanzstatus aus dem Spiel HAMSTERRAD® entgegen.

„Kann ich meinen Finanzstatus mit nach Hause nehmen?" Mit dieser Frage hielt mir eine junge Frau im Anschluss an einen Spieleabend ein Blatt entgegen. Ich schaute Sie etwas erstaunt an und antwortete: „Natürlich können Sie das, aber wollen Sie sich nicht lieber ein neues Blatt mitnehmen?" - „Nein, vielen Dank. Dieser Plan reicht mir. Ich will nur meinem Mann zeigen, dass ich auch mit Geld umgehen kann!", war die überraschende Antwort.

Hören Sie nicht auch gerne einem begnadeten Redner zu, der scheinbar mühelos selbst schwierigste Zusammenhänge einfach und anschaulich erklären kann? Haben Sie einmal versucht eine komplexe Sache zu erklären und zwar so, dass es auch wirklich verstanden wird? Erkennen Sie im alltäglichen Informationsdschungel manchmal den Wald vor lauter Bäumen nicht mehr?

Im Kapitel Finanzstatus erstellen Sie eine „finanzielle Landkarte". Ihre wirtschaftliche Situation und einzelne Zusammenhänge werden deutlicher. Mit diesem Überblick wird es einfacher, notwendige Schritte und sinnvolle Handlungsoptionen zu erkennen.

Auf nur einem Blatt können Sie argumentieren, diskutieren und entscheiden, anstatt sich in Tausenden von Ordnern, Papieren und Zahlen zu verzetteln und frustriert aufzugeben.

Lerne die Dinge so zu sehen, wie sie sind,
und nicht, wie du glaubst, dass sie sind!
Vernon Howard

Vorgehensweise zur Erstellung eines Finanzstatus (Teil 1 Einnahmen/Ausgaben):

- Übertragen Sie aus dem Budget die monatlichen Werte in den Finanzstatus.

- Falls notwendig, fassen Sie einzelne Ausgaben zu Kategorien zusammen.

- Tragen Sie die monatlichen Raten für Schulden in die Ausgaben ein.

- Bilden Sie die Summen bei Einnahmen und Ausgaben.

- Stellen Sie fest, wie viel monatlich verfügbar ist, oder ob eine Unterdeckung besteht.

Einnahmen

	Monat
Lohn / Gehalt	
Weiterer Job	
Immobilien	
Geschäft	
Wertpapiere	
Gesamteinnahmen/Monat	

Ausgaben

	Monat
Miete mit Nebenkosten	
Tägliches Leben	
Hypothek	
Rate für Autokredit	
Tilgung Konsumkredit	
Rate Kreditkarte	
Andere Ausgaben	
Unterhalt	
Gesamtausgaben/Monat	

Monatlich verfügbar

Was man hier erkennen kann:

1. Welche Einnahmen und Ausgaben habe ich?

2. Was ist die monatliche Höhe in €?

3. Wie hoch sind die Summen der monatlichen Einnahmen und Ausgaben?

4. Wie viel ist monatlich verfügbar? (Über- oder Unterdeckung?)

Vorgehensweise zur Erstellung eines Finanzstatus (Teil 2 Vermögen/Schulden):

- Übertragen Sie aus Ihrer Vermögensübersicht bzw. der Übersicht zu den bestehenden Schulden die Werte und wichtige Informationen in den Finanzstatus.

- Falls notwendig, fassen Sie bitte einzelne Positionen zu Kategorien zusammen.

- Bilden Sie Summen für Vermögen und Schulden. Stellen Sie fest, wie hoch das Netto-Vermögen ist oder ob gar eine Überschuldung vorliegt!

Was man hier erkennen kann:

1. Welches Vermögen habe ich und welche Schulden bestehen?

2. Wie hoch ist der aktuelle Wert (Höhe) in €?

3. Wie viel Gesamtvermögen habe ich und wie hoch belaufen sich meine Gesamtschulden in €?

4. Wie hoch ist mein Netto-Vermögen?

5. Bin ich überschuldet?

Beispiel zur Erstellung eines Finanzstatus:

SPIELER:

Vermögen

	Art	Wert
Immobilien		
Geschäft		

Wert-papier	Name	Anteile	Preis	Wert
BARGELD				3.000 €
Gesamtvermögen				3.000 €

Schulden

	Zins%	Höhe
Hypothek		
Autokredit	9,5 %	3.200 €
Konsumkredit	12,5 %	2.700 €
Kreditkarten	16,8 %	2.100 €
Kontokorrent		
Gesamtschulden		8.000 €
Netto-Vermögen		- 5.000 €

Einnahmen

ZIEL B Barvermögen = 6x monatliche Ausgaben und Schulden abgebaut

	Monat
Lohn / Gehalt	2.000 €
Weiterer Job	
Immobilien	
Geschäft	
Wertpapiere	
Gesamteinnahmen/Monat	2.000 €

Ausgaben

	Monat
Miete mit Nebenkosten	600 €
Tägliches Leben	600 €
Hypothek	
Rate für Autokredit	250 €
Tilgung Konsumkredit	200 €
Rate Kreditkarte	140 €
Andere Ausgaben	
Unterhalt	
Gesamtausgaben/Monat	1.790 €
Monatlich verfügbar	+ 210 €

HAMSTER RAD

ZEITKONTO

500 € BONUS

Monatlich verfügbar > 500 €
oder
Netto-Vermögen > 0
oder
Schulden sind abgebaut (ohne Hypotheken)
oder
Barvermögen > 6x monatliche Ausgaben

71

Finanzstatus „lesen" –
Situation richtig einschätzen -
Möglichkeiten erkennen!

Wie ist die wirtschaftliche Situation?

1. 2.000 € Einkommen reicht aus um die laufenden Ausgaben von 1.790 € zu bezahlen!

2. Es bleiben monatlich 210 € übrig.

3. Für Schuldendienst müssen monatlich 590 € aufgewendet werden; 33% der Gesamtausgaben!

   - 3.000 € liquide Reserven (Bargeld)

   - - 8.000 € Schuldenstand

4. Es besteht eine Überschuldung (-5.000€)!

Gibt es Probleme?

- 33% der Gesamtausgaben fließen in die Abzahlung von Konsumkrediten.

- Die Kredite haben sehr hohe Zinssätze!

- Es besteht eine Überschuldung.

- Es steht nur ein Einkommen zur Verfügung!

Welche Möglichkeiten gibt es?

Rückzahlung Kreditkartenschulden mit Barvermögen und folgende Auswirkungen::

- Schuldenreduzierung um 2.100 €

- 140 € weniger Ausgaben/Monat

- 140 € monatlich mehr verfügbar

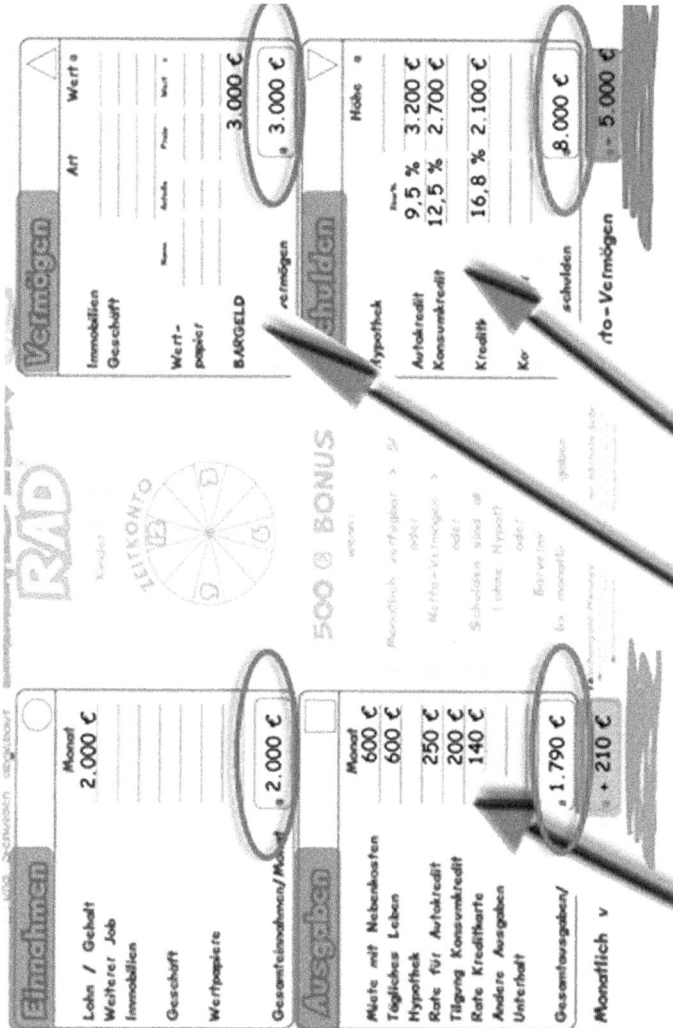

Möglichkeiten für zusätzlichen Job prüfen, um Kredite schneller abzubezahlen!

Mit Gläubigern bessere Konditionen aushandeln!!

NOTIZEN zu meinem Finanzstatus:

Wo besteht dringender Handlungsbedarf? Was werde ich tun?

Berechnungen:

Notizen:

9 HANDELN

Selbstdisziplin:
Tue das, wovon du weißt, dass du es tun solltest!
Roy Eugene Davis

AM 31. Dezember stößt man zum Jahreswechsel gerne mit der Familie und Freunden auf das neue Jahr an und wünscht sich dabei Glück, Zufriedenheit und Erfolg. Die Telefonleitungen sind dann regelmäßig gnadenlos überlastet. Man will das Beste für seine Lieben und es tut gut, das auch einmal zu sagen. Astrologie, Horoskope und Glücksbringer feiern Hochkonjunktur, denn viele fragen sich erwartungsvoll, was wohl die Sterne bringen werden.

Im neuen Jahr soll alles besser werden! Abnehmen, mehr Sport, mehr Zeit mit der Familie, mehr Geld. Und tatsächlich beginnen einige zu Beginn des neuen Jahres die gesteckten Ziele ambitioniert anzugehen. Man versucht abzunehmen, fängt an zu laufen, ordnet die Papiere, räumt auf oder beginnt ein wichtiges Projekt. Aber nach einigen Wochen hektischer Aktivität kehrt der Alltag wieder ein und mit ihm auch die alten Gewohnheiten. Aber das nächste neue Jahr kommt bestimmt, irgendwann. Die Hoffnung stirbt zuletzt!

Planen Sie groß, aber begehen Sie nicht den Fehler, sofort dramatische Veränderungen oder gar Wunder zu erwarten. Das wäre ungesund und würde Sie nur unter Druck setzen, einen schnellen Erfolg vorzuweisen, vor sich und vor anderen. Eine Reise von tausend Meilen fängt mit dem ersten Schritt an, aber mit Zielstrebigkeit, Ausdauer, Flexibilität und Geduld kommt man ans Ziel. Setzen Sie sich beim Planen auch kurzfristige kleinere Ziele. Das Erreichen wirkt motivierend und spornt zum Weitermachen an. Es ist Bestätigung für den eingeschlagenen Weg.

Wenn Sie Ziele formulieren, dann schreiben Sie auf, was Sie haben wollen, und nicht, was Sie nicht wollen!

Achtung: Wenn Sie sich nur darauf fixieren, was Sie nicht wollen, werden ihre Gedanken und Handlungen nur um das Problem kreisen! Konzentrieren Sie sich auf die Lösung und nicht auf das Problem! Sie erhalten das, was Sie ihrem Geist zum Konsumieren vorgeben!

Der beste Zeitpunkt um anzufangen ist jetzt! Tief im Inneren weiß jeder, was jetzt zu tun ist. Aber zu viele handeln als Reaktion auf äußere Einflüsse. Wenige haben einen Plan, um gestaltend zu agieren. Wenn Sie Druck oder Stress verspüren, verlassen Sie die aktuelle Situation, beruhigen Sie ihre Emotionen, tun Sie etwas, das Ihnen Freude macht und denken Sie in Ruhe nach. Handeln Sie gelassen, sinnvoll, konzentriert und effektiv.

Auch eine Reise von tausend Meilen fängt mit dem ersten Schritt an!, aber man braucht Entschlossenheit, Ausdauer, Flexibilität und Geduld, um das Ziel siegreich zu erreichen!

Glück ist, wenn Vorbereitung und Gelegenheit zusammentreffen. Sichtbare positive Veränderungen werden sich im Laufe der Zeit einstellen, es geht gar nicht anders. Andere werden vielleicht denken, was für ein Glück er/sie doch gehabt hat. Aber für Sie wird es nur Bestätigung dafür sein, dass durch richtiges Denken, strukturiertes Aufschreiben und fokussiertes Handeln die Vorbereitungen getroffen wurden, günstige Gelegenheiten anzuziehen. Glücklich sein ist kein vorbestimmter Charakterzug oder ein schicksalhafter äußerer Einfluss, sondern eine Entscheidung, die jeder selbst treffen kann!

Im letzten Kapitel fassen Sie alle Aufgaben und Handlungsideen zusammen, die bisher am Ende der einzelnen Kapitel festgelegt wurden. Erscheint ein Thema oder eine Aufgabe mehrmals, so unterstreicht dies die aktuelle Dringlichkeit.

Formulieren Sie Ihre angestrebten Ziele eindeutig und klar und lassen Sie sich dabei vom Bild der idealen Situation leiten und motivieren. Vergeben Sie Prioritäten und legen Sie fest, bis wann die einzelnen Ergebnisse erreicht werden sollen. Halten Sie die positiven Ergebnisse und das Datum der Zielerreichung fest. Blicken Sie auf die Fortschritte und Ihre Entwicklung zurück und freuen Sie sich über das Erreichte.

Worauf warten Sie eigentlich? Auf geht´s!

Leben ist ständiger Wandel!
Sicherheit ist eine Illusion!

...aber alles ist auf dem Weg, der ständigen
Verbesserung!

Am Beginn einer neuen Idee wissen viele ganz genau,
warum es sicher nicht funktionieren wird.

Wenn ein einzelner die Utopie Realität werden lässt,
wird sie für viele Normalität.

Wenn es vollbracht ist, ist jeder schlau und viele
wussten es dann schon immer.

Alles, was wir jetzt tun können, ist:

ein bisschen mehr als das Beste zu geben, zu dem
wir heute in der Lage sind,

selbstbewusst und leidenschaftlich immer neuen
Herausforderungen begegnen,

mit Vertrauen ständige Veränderungen annehmen
und immer wieder von neuem versuchen,

die Voraussetzung für ein erfülltes, glückliches und
prosperierendes Leben zu schaffen,

für sich und für andere.

Aufgaben-Journal

Meine wichtigen Ziele im Überblick!

Fassen Sie nun alle Aufgaben und Handlungsideen zusammen, die am Ende der einzelnen Kapitel festgelegt wurden und kategorisieren Sie dabei ähnliche Ziele.

- Formulieren Sie Ihre Ziele positiv, klar und motivierend! (Was wollen Sie erreichen?)

- Vergeben Sie Prioritäten!

- Legen Sie fest, bis wann das Ergebnis erzielt werden soll!

- Halten Sie positive Fortschritte fest und wann das Ziel erreicht wurde!

Mit jedem neuen realisierten Erfolg,
so klein und unbedeutend er auch erscheinen mag,
wächst das persönliche Erfolgsbewusstsein.

Beispiel zur Erstellung eines Aufgaben-Journal:

	Bis wann?	Priorität
1. Aufgabe - Was will ich tun? Was will ich erreichen?		

Ziel verwirklicht am:

	Bis wann?	Priorität
2. Aufgabe - Was will ich tun? Was will ich erreichen?		

Ziel verwirklicht am:

	Bis wann?	Priorität
3. Aufgabe - Was will ich tun? Was will ich erreichen?		

Walter Berger

Der beste Plan ist wertlos ohne eine erfolgreiche Verwirklichung!

NOTIZEN zum Kapitel Handeln:

Wo besteht dringender Handlungsbedarf? Was werde ich tun?

Berechnungen:

Notizen:

Walter Berger

ANHANG

Uns dürstet nach Wissen,

aber wir ertrinken in Informationen.

Neutrale Kopiervorlagen
für den täglichen Gebrauch:

Hier finden Sie neutrale Kopiervorlagen für den täglichen Gebrauch. So können Sie jederzeit und überall Notizen machen und spontane Ideen oder wichtige Berechnungen festhalten. Nichts geht verloren!

- Ausgabenjournal für den Geldbeutel

- Ausgabenübersicht (monatlich)

- Einnahmenübersicht (monatlich)

- Mein Entschuldungsplan

- Meine Anschaffungen/Wünsche/Investitionen

- BUDGET

- Finanzstatus aus dem Spiel Hamsterrad

- Kurzinfo zum Spiel Hamsterrad

- Kurzinfo zum Spiel-Workshop

Ausgabenjournal für den Geldbeutel:

Meine Ausgaben

Datum	Höhe	Wofür	Zahlungs-weise	Priorität

Prioritäten: A = notwendig, B = wichtig, C = angenehm, D = unnütz

Meine Ausgaben

Datum	Höhe	Wofür	Zahlungs-weise	Priorität

Prioritäten: A = notwendig, B = wichtig, C = angenehm, D = unnütz

Kopiervorlage

Taschengeld Management Der nächste Schritt!®

Ausgabenübersicht (monatlich):

AUSGABEN		jährlich, dringend, außerordentlicher Bedarf	bisher monatlich verbraucht	monatliches Budget	Priorität
Gesamtausgaben/Monat					

Einnahmenübersicht (monatlich):

EINNAHMEN	Aktueller monatlicher Verdienst	Sonderzahlungen, Bonus, etc.	monatliches Budget	Sichere Einnahme?
Gesamteinnahmen/Monat				

Mein Entschuldungsplan:

Mein Entschuldungsplan

Schuld Wofür?/Gläubiger	Aktuelle Höhe	Zinssatz aktuell	Minimale Rate/Monat	Anzahl Raten/Monate	Angebot Gläubiger	Zinssatz neu	Rate/Monat neu	Anzahl Raten neu	Rang
Schulden/ mtl. Zahlung									

Meine Anschaffungen/Wünsche/Investitionen:

Was?	Wie teuer?	Wann?	monatliche Sparrate	Notwendig
Monatliche Rücklagen für Anschaffungen/Investitionen				

Wünsche/Anschaffungen/Investitionen

Budget

Budget	Monatlich	Jährlich	Über-/Unterdeckung	Jan	Feb	Mar	Apr	May	Jun	Jul	Aug	Sep	Okt	Nov	Dez
Private Ausgaben															
Gesamt Private Ausgaben															
Schulden															
Gesamt Schulden															
Gesamt Ausgaben															
Einkommen															
Gesamt Einkommen															
GESAMT: Einkommen - Ausgaben - Schulden															

Kopiervorlage

Taschengeld Management Der nächste Schritt! ®

Finanzstatus aus dem Spiel Hamsterrad®

HAMSTER RAD®

SPIELER:

ZIEL B
☐ Barvermögen =
☐ 6x monatliche Ausgaben
☐ und Schulden abgebaut

Einnahmen
Monat

Lohn / Gehalt
Weiterer Job
Immobilien
Geschäft
Wertpapiere

Gesamteinnahmen/Monat

Ausgaben
Monat

Miete mit Nebenkosten
Tägliches Leben
Hypothek
Rate für Autokredit
Tilgung Konsumkredit
Rate Kreditkarte
Andere Ausgaben
Unterhalt

Gesamtausgaben/Monat

Monatlich verfügbar

ZEITKONTO
Kinder

500 € BONUS
wenn:

☐ Monatlich verfügbar > 500€
oder
☐ Netto-Vermögen > 0€
oder
☐ Schulden sind abgebaut
(ohne Hypotheken)
oder
☐ Barvermögen >
6x monatliche Ausgaben

Vermögen
Art   Wert €

Immobilien
Geschäft
Wert-papier
BARGELD

Gesamtvermögen

Schulden
Höhe €

Hypothek
Autokredit
Konsumkredit
Kreditkarten
Kontokorrent

Gesamtschulden

Netto-Vermögen

Taschengeld Management Der nächste Schritt! ®
Kopiervorlage

Ausgaben Journal

Aufgabe - Was will ich tun? Was will ich erreichen?	Bis wann?	Priorität

Ziel verwirklicht am:

Aufgabe - Was will ich tun? Was will ich erreichen?	Bis wann?	Priorität

Ziel verwirklicht am:

Aufgabe - Was will ich tun? Was will ich erreichen?	Bis wann?	Priorität

Ziel verwirklicht am:

Aufgabe - Was will ich tun? Was will ich erreichen?	Bis wann?	Priorität

Ziel verwirklicht am:

Aufgabe - Was will ich tun? Was will ich erreichen?	Bis wann?	Priorität

Ziel verwirklicht am:

Aufgabe - Was will ich tun? Was will ich erreichen?	Bis wann?	Priorität

Ziel verwirklicht am:

Kurzinfo zum Spiel Hamsterrad®

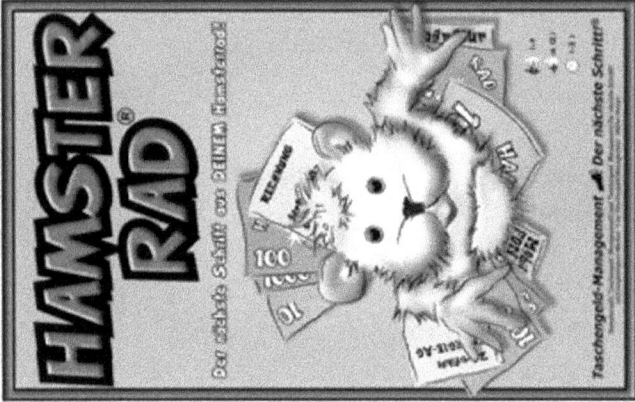

Im Spiel erleben – Miteinander reden – Voneinander lernen

HAMSTERRAD® ist ein realistisches Gesellschaftsspiel, um den richtigen Umgang mit Geld im Spiel zu erlernen. Man erlebt die finanziellen Probleme des Alltags, wie z. B. steigende Ausgaben, drückende Schulden, fehlende Rücklagen, Kurzarbeit oder gar Jobverlust, und muss sie spielend meistern.

Gewonnen hat der Spieler, der zuerst seine Schulden abbaut und das 6-Fache seiner monatlichen Ausgaben anspart.

Die Spieler erleben im Spiel die täglichen Herausforderungen mit dem lieben Geld, tauschen Erfahrungen miteinander aus und lernen immer voneinander.

Bestellen unter
www.hamsterrad.info!

HAMSTERRAD® war 2010 für den Deutschen Lernspielpreis nominiert

Das Spiel

Kurzinfo zum Spiel-Workshop in Schulen

SPIELEN = TRAINING FÜR DEN ALLTAG!

Mit HAMSTERRAD® wird finanzielle Realität simuliert.

Wirtschaftliche Entscheidungen und mögliche Folgen werden ausprobiert.

Ohne eigenes Geld zu investieren, wird in kurzer Zeit notwendiges Wissen und viel praktische Erfahrung vermittelt!

In einem anregenden und kreativen Umfeld wird mit viel Spaß gelernt!

Jedes Würfeln erfordert intelligente Entscheidungen, um neue finanzielle Herausforderungen zu meistern!

Weitere Informationen zum Spiel-Workshop finden Sie unter www.taschengeld-management.de!

Der Spiel-Workshop

ERLEBEN – ERLERNEN – ERARBEITEN

SPIEL WORKSHOP

HAMSTER RAD

ÜBER DEN AUTOR

Walter Berger ist Autor, Spieleerfinder, Gründer und Inhaber von Taschengeld Management, einer privaten Bildungsinitiative zur ökonomischen Verbraucherbildung.

"Mit unserem Angebot wollen wir jedermann dabei unterstützen, praxisorientiert und nachvollziehbar Orientierung und Überblick im finanziellen Alltag zu erhalten. Jeder sollte dazu qualifiziert sein "richtige" wirtschaftliche Entscheidungen zu treffen. Dies ist eine wichtige Voraussetzung und Motivation zu sinnvollem wirtschaftlichen Handeln!"

Walter Berger
Taschengeld Management
Florianiplatz 16
83435 Bad Reichenhall, Deutschland

www.taschengeld-management.de
info@taschengeld-management.de

www.ingramcontent.com/pod-product-compliance
Lightning Source LLC
Chambersburg PA
CBHW060625210326
41520CB00010B/1477